AF495289

ALLOCUTION

PRONONCÉE DANS L'ÉGLISE DE SANCERRE

PAR MONSEIGNEUR

L'ÉVÊQUE DE PÉRIGUEUX ET DE SARLAT

DANS LA CÉRÉMONIE

De la Bénédiction nuptiale donnée par Sa Grandeur

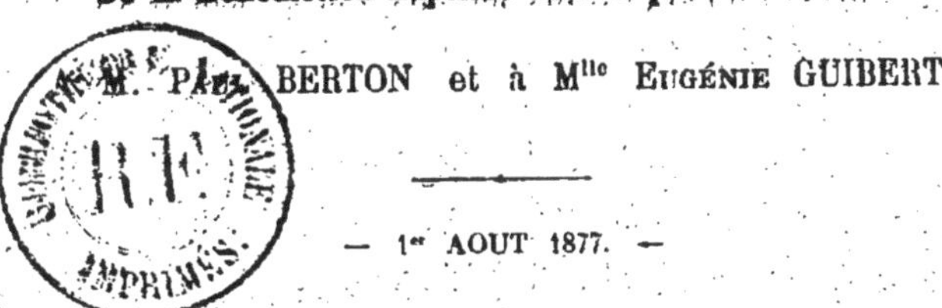

M. PAUL BERTON et à Mlle EUGÉNIE GUIBERT.

— 1er AOUT 1877. —

JEUNES ÉPOUX,

Tout se lie et s'enchaîne dans les vérités de notre sainte foi catholique. Le sacrement que vous allez recevoir tient lui-même, en leur harmonieux ensemble, une place nécessaire et éminente.

L'homme a un invincible besoin de Dieu. Après sa désobéissance au Jardin de délices, ce besoin, persistant toujours, jamais satisfait, devait être son per-

pétuel tourment. Mais Dieu, dans un élan d'amour pour sa créature, qui a perdu sa ressemblance, mais garde encore son image, s'incline vers elle, la relève et l'attire jusqu'à lui (1). Ainsi commence la grande restauration de l'humanité en Jésus-Christ. Et cette restauration se poursuit dans l'espace et le temps, à l'aide des secours de lumière et de grâce, fruits de la Rédemption, que le sacerdoce catholique transmet aux âmes rachetées par le ministère de la sainte parole et l'administration des sacrements.

Or, les sacrements de l'Eglise sont coordonnés entre eux avec une si admirable économie, qu'ils pourvoient à tous les besoins de l'homme, que l'homme se nomme individu, famille ou société. Dans la classification théologique des sacrements, le mariage occupe la dernière place ; il est à la première dans l'ordre social chrétien. Ayant pour effet propre la sanctification de l'union conjugale, ce sacrement prépare à l'Église, par cette sanctification même, des générations qui perpétueront, — elle l'espère toujours, — sa foi, sa charité, son culte sur la terre. Non que l'enfant issu d'un mariage chrétien, soit exempt par cela même de la tache originelle : penser ainsi serait tomber dans une erreur contraire à l'orthodoxie ; mais l'Eglise aime à voir dans la fidélité des parents la garantie, rarement illusoire,

Jérem. XXXI, 3.

que leur enfant deviendra, par la régénération baptismale, son propre enfant.

Telle est la nature du mariage chrétien. Combien sublime est sa signification ! Saint-Paul parlant du mariage : « Ce sacrement est grand, dit-il, grand « dans le Christ et dans l'Eglise (1). » Selon cette parole inspirée, le mariage représente l'union de Jésus-Christ avec son Église, et il la représente dans un symbolisme complet. La femme a été formée de la substance de l'homme : pourquoi ? C'est que l'Église devait elle-même sortir du côté ouvert de Jésus-Christ, et devenir la chair de sa chair et l'os de ses os (2). Et, comme Jésus-Christ a quitté le sein de Dieu, son Père, et, selon la pensée des commentateurs, le sein de la synagogue, sa mère, pour s'attacher à son Église, ainsi l'homme abandonne, lui aussi, son père et sa mère, pour s'attacher à la femme qui est devenue son épouse (3).

Mais comment entendre cette union du Christ avec l'Église ? L'Apôtre parle d'abord de l'union du Verbe avec la nature humaine. Union réelle, hypostatique, accomplie par le mystère de l'Incarnation ; union fondamentale, nécessaire origine de toute autre union que l'Homme-Dieu puisse ensuite contracter. Puis, bien que secondairement, son union avec l'Église ; union d'une

(1) Eph. v, 32.
(2) Gen. ii, 23. — Eph. v, 30.
(3) Gen. ii, 24. — Math. xix, 5.

nature toute spirituelle, qui s'opère entre le Verbe fait homme et les hommes devenus membres de son Église, par le ciment divin de la grâce et de la charité.

Et ici, il me revient à la pensée une parabole touchante de l'Évangile, la parabole du festin nuptial. Elle a été admirablement commentée par saint Grégoire-le-Grand. Je ne veux en rappeler que le premier trait. « Il en est dans le royaume des cieux, nous dit le « Sauveur, parlant de l'Église, comme d'un roi qui fit « des noces à son fils (1). » Eh bien ! ce roi, quel est-il? Ce roi, répond le grand docteur, c'est Dieu lui-même, Dieu le Père, et le fils du roi, c'est le Verbe, le Verbe fils de Dieu. Or, ajoute-t-il, Dieu le Père fit les noces de son Verbe, lorsqu'il l'unit à la nature humaine dans le sein de la bienheureuse Marie. Ce fut alors que, par le mystère de l'Incarnation, il l'unit également à l'Eglise. Le sein immaculé de la Vierge-Mère devint le lit nuptial du céleste Époux, et il en sortit revêtu de notre humanité, afin de contracter avec l'Église une éternelle union(2).

Ainsi donc, l'union du Christ et de l'Église, voilà la suréminente et divine réalité que symbolise le mariage chrétien ; et c'est en cela que consiste son incomparable grandeur.

J'ai rappelé la parabole évangélique du festin

(1) Math. XXII, 2.
(2) Hom, in Évang. lib. II, hom. XXXVIII.

des noces. J'y reviens pour en relever le dernier trait; mais je ne le fais ici, ai-je besoin de le dire? qu'à la manière de l'artiste qui ménage une ombre à son tableau pour en mieux faire resplendir l'éclat.

Donc, poursuit le divin auteur de notre parabole, la salle du festin étant remplie, le roi entre pour voir les convives assis à la table commune. Il regarde, et qu'aperçoit-il? un homme qui ne porte point la robe nuptiale. Audacieux convive! le roi irrité le fait jeter aussitôt dans les ténèbres extérieures (1).

Ici encore la salle du festin c'est l'Église. On y entre par la foi, mais la robe nuptiale, c'est la charité. Époux chrétiens, vous la portez l'un et l'autre, cette robe nuptiale. Avant de venir demander à notre saint ministère la consécration de votre alliance, vous avez eu le soin pieux de purifier vos âmes dans le sang de l'Agneau (2). J'aime à les contempler; elles sont ornées, elles brillent de la robe nuptiale. Soyez bénis, vous demeurez fidèles aux traditions de vos honorables familles.

Mademoiselle, vous portez un nom, que mon jeune âge a connu, et il est du nombre des noms honorés qui sont restés gravés dans ma mémoire, malgré le temps et l'éloignement. Votre famille a su se créer une position honorable par l'accomplissement calme et persévérant de cette grande loi du travail qui s'impose à tous ici-bas,

(1) Math., XII, 11, 12.
(2) Apoc., XXII, 14.

et que, par malheur, beaucoup méconnaissent dans notre société contemporaine ; et il m'est bien agréable, à moi qui ai toujours vécu sous le joug aimé de cette loi, de constater qu'elle a été pareillement suivie par les divers membres de votre famille maternelle : la famille Bertrand, qui, tous, ont dû leur situation au travail. C'est aussi dans cette voie du travail qu'avait marché votre père, dont le souvenir domine, sans la troubler, cette douce fête. M. Guibert, imitant en cela l'exemple paternel, a consacré, durant sa vie, sa féconde activité aux travaux des champs, et géré, pendant trente années, dans les modestes fonctions de maire, les intérêts d'une population qui vénère encore sa mémoire.

De vous personnellement, Mademoiselle, je ne dirai qu'un mot, et ce mot, c'est à vous-même que je le dirai. Vous avez trouvé dans votre berceau les aimables dons qu'une femme chrétienne peut ambitionner, et ces dons de nature ont reçu leur plein épanouissement de l'éducation que vous avez reçue. Après Dieu, vous êtes redevable de ces avantages à une mère pieuse et dévouée. C'est une dette filiale qui sera toujours chère à votre cœur : permettez-moi de dire qu'elle s'impose plus encore à cette heure solennelle de votre vie.

Mon cher Paul, j'ai partagé avec vos bien-aimés parents les plus intimes confidences de votre âme. Vous demandiez au ciel, vous nous demandiez à nous-même une épouse sincèrement chrétienne, et en même temps aimable, sympathique, simple et bonne, et nous comprenions ces aspirations; elles répondaient, et aux tendances innées de votre nature, et aux délicatesses de votre éducation. Que le ciel vous ait pleinement exaucé, je l'ai compris à votre langage dans notre récente et fortuite rencontre à Paris ; alors surtout que, d'une voix joyeusement émue, vous me représentiez celle qui va devenir votre épouse, courbée comme l'ange de la charité au chevet de son frère, blessé sur les champs de bataille pendant nos derniers désastres, et pansant ses blessures avec une maternelle tendresse. A vous donc aussi, mon cher fils, le saint devoir de la reconnaissance, envers Dieu d'abord, de qui découle tout don parfait, puis envers vos vénérés parents. Ils ont toujours eu votre culte comme celui de leurs autres enfants, tous contribuant à l'honneur commun de la famille. Dans la noble carrière qui s'est ouverte devant vous, et que vous parcourrez avec honneur, que la pensée de votre mère, ce modèle achevé de la mère de famille, soit toujours un baume fortifiant pour votre âme, et, à l'exemple de votre père, demeurez toujours un homme de foi pratique, un homme de science et d'intégrité.

Votre union, jeunes époux, est entourée des plus précieuses garanties qui puissent la protéger dans l'avenir. C'est pourquoi je m'estime heureux moi-même de la consacrer en recevant votre mutuel consentement, et d'appeler sur elle les bénédictions du Seigneur. Vous

vous efforcerez de les mériter toujours par votre inviolable fidélité aux devoirs qui s'imposeront désormais à votre liberté. Enchaînés l'un et l'autre dans les mêmes liens d'un tendre et respectueux amour, n'ayant entre vous qu'un cœur et qu'une âme, vos joies seront communes, et communes aussi les épreuves auxquelles nul en ce monde n'a le droit d'échapper.

Je finis. Dans un de ses cantiques inspirés, le Prophète-Roi énumère les récompenses temporelles ordinairement accordées, sous la loi ancienne, à l'homme craignant Dieu. Il lui dit : « Ton épouse sera comme « une vigne féconde dans l'intérieur de ta maison, et « tes enfants comme de beaux plants d'oliviers autour « de ta table (1). » Époux chrétiens, puisse cette antique promesse, à laquelle convient cependant, sous la loi évangélique, un sens plus élevé, puisse-t'elle recevoir également son application littérale !

(1) Ps., CXXVII, 3.

www.ingramcontent.com/pod-product-compliance
Ingram Content Group UK Ltd.
Pitfield, Milton Keynes, MK11 3LW, UK
UKHW021016220726
13924UKWH00001B/15

9 782019 912659